VENTE DES MARDI 15 ET MERCREDI 16 MAI 1906

HOTEL DROUOT, SALLE N°ˢ 10 & 11 RÉUNIES

A DEUX HEURES

MEUBLES ANCIENS

D'EPOQUE RENAISSANCE

XVIIᵉ, XVIIIᵉ SIÈCLES ET PREMIER EMPIRE

SIÈGES

Bronzes d'Ameublement — Cuivres

SCULPTURES — PORCELAINES — FAIENCES

TABLEAUX ANCIENS ET MODERNES

GOUACHES — DESSINS — GRAVURES

TAPISSERIE

Le tout appartenant à M. X.

COMMISSAIRE-PRISEUR

Mᵉ LAIR-DUBREUIL, 6, rue de Hanovre

EXPOSITION PUBLIQUE

Le Lundi 14 Mai 1906, de 2 heures à 6 heures

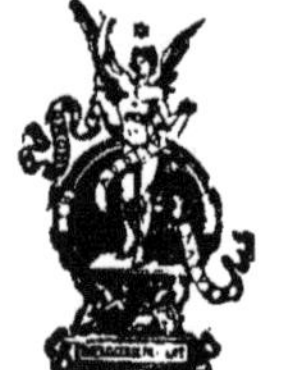

CATALOGUE

DES

MEUBLES ANCIENS

D'ÉPOQUE RENAISSANCE

XVIIe, XVIIIe SIÈCLES & PREMIER EMPIRE

COMMODES, SECRÉTAIRES, BUREAUX, BIBLIOTHÈQUES, CONSOLES.
MEUBLES A DEUX CORPS,
ARMOIRES, BUFFETS, GLACES, TRUMEAUX.

SIÈGES

MEUBLES DE SALONS D'ÉPOQUES RENAISSANCE ET PREMIER EMPIRE,
CHAISE LONGUE, BANQUETTES, FAUTEUILS, CHAISES, ETC.

Bronzes d'Ameublement, Cuivres

PENDULES ET CANDÉLABRES PREMIER EMPIRE, SURTOUTS DE TABLE
LOUIS XVI, JARDINIÈRES ET PLATS EN CUIVRE.

SCULPTURES SUR BOIS ET IVOIRE. TERRE CUITE
PORCELAINES, FAIENCES

TABLEAUX
ANCIENS ET MODERNES

Peintures décoratives — Gouaches — Dessins

GRAVURES

TAPISSERIE

DONT LA VENTE AURA LIEU

HOTEL DROUOT, SALLES N°s 10 ET 11 RÉUNIES
Les Mardi 15 et Mercredi 16 mai 1906

à deux heures

COMMISSAIRE-PRISEUR

Me F. LAIR-DUBREUIL, 6, rue du Hanovre.

EXPOSITION PUBLIQUE
Le Lundi 14 Mai 1906, de 2 heures à 6 heures

CONDITIONS DE LA VENTE

Elle sera faite au comptant.

Les adjudicataires paieront *dix pour cent* en sus des enchères.

L'exposition mettant le public à même de se rendre compte de l'état et de la nature des objets, il ne sera admis aucune réclamation, une fois l'adjudication prononcée.

Paris. — Imp. de l'Art, E. Moreau et Cⁱᵉ, 41, rue de la Victoir.

DÉSIGNATION

MEUBLES ANCIENS

1 — Commode à cinq tiroirs en bois de placage et
marqueterie de bois, présentant des trophées
d'instruments de musique, des vases et des
branches de fleurs ; ornements en bronze doré.
Dessus de marbre bleu-turquin. Epoque
Louis XVI.

2 — Meuble à deux corps en noyer sculpté et
marqueterie de bois, ouvrant à quatre vantaux,
séparés par deux rangées de tiroirs. Fronton à
figures et rinceaux. XVIe siècle.

3 — Grand bureau en bois de rose et de palissandre, forme à cylindre, décoré de feuillages en
marqueterie de bois. Entrées de serrures en
bronze doré. Epoque Louis XVI.

4 — Secrétaire en marqueterie de bois, présentant,
sur la façade et sur les côtés, un trophée d'instruments de musique, des instruments aratoires
et des vases de fleurs. Dessus en marbre gris.
Epoque Louis XVI.

5 — Grande armoire en noyer sculpté, à larges moulures, ouvrant à deux portes pleines. Les montants, à pilastres surmontés de chapiteaux supportant le fronton, offrent en relief des têtes de chérubins, des amours et des guirlandes de fleurs ; les vantaux, décorés d'une même ornementation, sont incrustés de plaques en ivoire gravé représentant « l'Enlèvement de Proserpine » et « Daphné changée en laurier ». Le bas est garni de deux tiroirs. xviiᵉ siècle.

6 — Meuble à deux corps en noyer sculpté, ouvrant à quatre vantaux décorés en relief de figures allégoriques aux Saisons. séparés par une rangée de tiroirs ; aux angles et au centre, des colonnes torses surmontées de têtes de chérubins : fronton à feuillage, tête d'ange et ceps de vigne. xviiᵉ siècle.

7 — Grand buffet à deux corps, ouvrant à quatre portes ; le haut sculpté en relief de rosaces et d'ornements divers. Époque Louis XIV.

8 — Grand buffet en chêne sculpté, à quatre vantaux pleins ; le montant est décoré de rosaces au milieu d'entrelacs, et les panneaux, de trophées d'instruments de musique, de branchages et de vases brûle-parfums. Époque Louis XVI.

9 — Meuble à deux corps en noyer sculpté. Renaissance.

650

10 — Table-bureau en bois de placage ; le pourtour orné de petits panneaux en marqueterie de cuivre sur fond d'écaille rouge ; le plateau, à galerie de cuivre, est décoré de trois vases de fleurs en marqueterie de bois sur fond de nacre, dessin à écailles de poisson. Travail hollandais du XVIII° siècle.

700

11 — Bureau à quatre faces en bois noir et filets de cuivre, orné de têtes de satyres, de moulures et de poignées de tirage en bronze doré. Dessus en maroquin. Epoque Louis XIV.

320

12 — Petite commode en bois de placage, à arrêtes vives, garnie de trois tiroirs et ornée de bronzes dorés. Dessus en marbre. Epoque Louis XV.

720

13 — Commode en acajou ciré, le centre légèrement en ressaut, garnie de cinq tiroirs, chutes, poignées et entrées de serrures en bronze doré. Dessus de marbre blanc. Epoque Louis XVI.

1.850

14 — Secrétaire à abattant et deux vantaux pleins, en ancien laque de Chine, décor de pagodes et de personnages dans un paysage : encadrements, chutes et moulures en bronze doré. Dessus de marbre portor. Epoque Louis XV.

600

15 — Secrétaire en bois de rose et palissandre, à pans coupés. Dessus de marbre. Epoque Louis XV.

1.200

16 — Bibliothèque en bois de placage, à pans cou-

pés, ouvrant à deux portes vitrées ; chutes et ornements en bronze. Epoque Louis XVI.

17 — Bibliothèque en bois de rose et de violette, ouvrant à deux portes vitrées ; encadrements, chutes et ornements divers, en bronze ciselé et doré. Epoque Louis XVI.

18 — Grand cabinet en ébène, de forme architecturale, garni de nombreux tiroirs décorés d'appliques en cuivre ciselé et découpé à jour et de statuettes allégoriques placées dans des niches. Il est supporté par quatre pieds en bronze, posant sur une table pliante, en bois noir, à écoinçons de cuivre découpé. Epoque Louis XIII.

19 — Meuble contador en bois sculpté, à abattant orné de plaques en cuivre découpé et doré, sur fond de velours rouge ; le bas, à quatre tiroirs décorés de moulures et d'incrustations d'os. Travail espagnol. xvii° siècle.

20 — Console en bois sculpté et doré, sur quatre pieds reliés par une entrejambe, formant support ; bandeau à rocailles et coquille. Dessus de marbre blanc veiné. Epoque Louis XV.

21 — Console en bois sculpté et doré, sur quatre pieds, à feuillages et ornements reliés par une entrejambe ; bandeau à quadrillé et fleurettes. Dessus en marbre, de forme contournée. Epoque fin Louis XIV.

2.020

22 — Console en bois sculpté et doré, à coins arrondis ; bandeau à rosaces et feuilles d'eau, supporté par six pieds cannelés, reliés par une tablette à dessus de marbre et une entrejambe à pomme de pin. Dessus de marbre blanc. Epoque Louis XVI.

880

23-24 — Deux consoles en bois sculpté et doré sur quatre pieds contournés, à têtes de satyres et dauphins, supportant le bandeau à coquilles et ornements. Dessus de marbre brèche. Epoque de la Régence.

340

25-26 — Deux petites consoles en bois sculpté et doré, d'époque Louis XV ; pieds à consoles et corbeilles de fleurs. Dessus en marbre blanc.

980

27 — Bureau bonheur du jour, forme à cylindre en bois de citronnier et acajou ; le haut, formant vitrine, ouvre à deux vantaux. Epoque Louis XVI.

455

28 — Chiffonnier en bois de rose, ouvrant à sept tiroirs, garnis d'anneaux de tirage et d'entrées de serrures en bronze ciselé et doré. Dessus de marbre. Epoque Louis XVI.

335

29 — Petite commode à deux tiroirs en marqueterie de bois, dessin à quadrillés et médaillons. Dessus de marbre blanc. Epoque Louis XVI.

300

30 — Petite table en bois de placage sur quatre pieds cambrés, à chutes et sabots de bronze

doré : le plateau, en marqueterie de bois, est décoré d'un médaillon à monument, encadré d'une guirlande de fleurs. Epoque Louis XV.

31 — Petite table en noyer et marqueterie de bois à fleurs et rosace centrale, sur quatre pieds cambrés. XVIIIᵉ siècle.

32 — Deux encoignures en marqueterie de bois à losanges, encadrements à festons de rubans ; ornements en bronze. Dessus de marbre brèche d'Alep. Epoque Louis XVI.

33 — Ecran en bois sculpté et doré d'époque Louis XIV : feuille en soie crème brodée en relief d'un groupe d'oiseaux perchés, gainé au revers d'ancien damas de soie vert.

34-35 — Deux petites commodes de forme contournée en marqueterie de bois, garnies de deux tiroirs. Dessus en marbre brèche. Travail italien d'époque Louis XV.

36 — Chaise à porteurs en bois sculpté et décoré de peintures à encadrement de rocailles, guirlandes de fleurs et armoiries. Intérieur à tablettes gainées d'ancienne soie brochée fond vert formant vitrine. Epoque Louis XV.

37 — Deux encoignures en palissandre, décorées d'un panneau en laque dans un encadrement de bronze. Dessus de marbre gris veiné rouge. XVIIIᵉ siècle.

38-39 — Deux meubles à hauteur d'appui en bois d'acajou, ouvrant à deux portes pleines et décorés d'appliques en bronze doré, telles que : génies, cariatides, palmes et rosaces, montants à figures de femmes engaînées supportant l'entablement, à dessus de marbre vert de mer. Époque Premier Empire.

40 — Commode en acajou moucheté, ouvrant à quatre tiroirs décorés de couronnes de fleurs et de cariatides d'amours en bronze doré. Montants à chapiteaux et ornements divers également en bronze doré. Dessus de marbre portor. Époque Premier Empire.

41 — Régulateur en bois d'acajou, d'époque Premier Empire ; la partie centrale forme lyre, supporte le cadran et pose sur un socle quadrangulaire. Ornements à rosaces, palmes, mascarons et renommée en bronze doré.

42 — Grande console en bois sculpté et doré, à fond de bois peint blanc, orné au centre de cornes d'abondance et d'une guirlande de lauriers, montants à palmes. Le bandeau à fleurs et feuillages enrubannés pose sur deux pieds cannelés à têtes de béliers. Dessus de marbre agate. Époque Premier Empire.

43 — Console en bois d'acajou à fond de glace, bandeau à cariatides et palmes en bronze doré.

supporté par des femmes engainées à têtes et pieds en bronze doré. Epoque Premier Empire. Dessus de marbre portor.

44 — Lit en acajou, montants forme gaines à têtes de femmes sculptées. Médaillons à figures, ornements, vases et boules en bronze doré. Epoque Premier Empire.

380

45 — Grande glace, cadre en bois sculpté et doré, d'époque Louis XV. Fronton à figure d'enfant.

46 — Glace, cadre en bois sculpté et doré, d'époque Louis XV. Fronton à écureuil au milieu de rocailles.

600

47 — Glace trumeau en bois sculpté peint blanc et or, d'époque Louis XV, avec peinture décorative, à sujet chinois, dans le goût de Leprince.

400

48 — Glace-trumeau en bois sculpté, peint blanc et doré, à fronton. Epoque Louis XVI, avec peinture décorative à figure d'ange.

550

49-50 — Deux très grands paravents à cinq feuilles en ancien laque de Chine, décorés d'arbustes, d'oiseaux et d'insectes en or sur fond noir.

51 — Harpe en acajou sculpté, parties dorées, montant à cannelures et chapiteau. Fin du XVIIIe siècle.

425

52 — Grande table en bois de chippendall, sur

quatre pieds cambrés et sculptés. Travail anglais.

53 — Cartel en bois sculpté et doré à rocailles. Cadran de Julien Le Roy, à Paris. Epoque Louis XV.

54 — Petit cabinet en palissandre incrusté d'ivoire, garni de nombreux tiroirs plaqués d'ivoire sculpté dans le goût chinois. Epoque Louis XIII.

55 — Jardinière formée par un berceau en bois sculpté. XVIIIe siècle.

56 à 59 — Quatre boites à épices en bois sculpté. XVIIIe siècle.

SIÈGES

60 — Meuble de salon en noyer sculpté, d'époque Régence, garni en ancien lampas rouge, composé de : un canapé et six chaises.

61 — Meuble de salon en acajou, d'époque Premier Empire, accotoirs à têtes de lions dorées, décoré d'appliques en bronze ciselé et doré modernes et recouvert en velours rouge ciselé, composé de : un canapé et huit fauteuils.

62 — Huit chaises en acajou, à dossiers légèrement cintrés, dessin à draperies, décorés de palmes

et de rosaces dorées. Époque Premier Empire.
Sièges en moire rouge moderne galonnée jaune.

63 — Deux banquettes en bois sculpté et doré,
d'époque Louis XVI, couvertes en ancienne
tapisserie à rinceaux, sur fond gris, bordure à
rosaces.

64 — Quatre chaises, à hauts dossiers, en bois
sculpté, d'époque XVIIIe siècle, garnies en ancien
damas de soie vert.

65 — Banquette Louis XV en bois sculpté peint
blanc, couverte en velours frappé jaune.

66 — Canapé en bois sculpté peint blanc, parties
dorées, d'époque Louis XVI, garni en damas de
soie rouge.

67 — Canapé avec son coussin, trois fauteuils et
une chaise en acajou sculpté, à têtes de dauphins, ornements en bronze ciselé et doré, à
couronnes et cornes d'abondance. Époque Premier Empire, garnis en moire rouge moderne,
à galons.

68 — Bidet en bois sculpté, d'époque Régence,
garni en cuir. Cuvette en ancienne faïence de
Rouen, décorée en bleu.

69 — Deux fauteuils en bois sculpté, d'époque
Louis XV, garnis de canne.

1.055 70 — Huit chaises en bois de chippendall sculpté, garnies de sièges mobiles en maroquin rouge. Travail anglais.

750 71 — Quatorze chaises en acajou, dossiers à ornements relevés de dorure. Epoque Premier Empire. Garnies en moire verte moderne, à galons jaunes.

72 — Deux chaises gondoles en acajou, d'époque Premier Empire, garnies de bronzes dorées ; sièges en satinette verte moderne, à couronnes et palmes.

750 73 — Deux fauteuils et six chaises en bois sculpté, d'époque Louis XIV, garnis en ancien velours rouge clouté de cuivre.

74 — Bois de chaise sculpté, dossier à lyre. Epoque Louis XVI.

75 — Bois de chaise longue, d'époque Louis XV.

551 76 — Quatre chaises en bois sculpté, d'époque Régence, garnies de canne, pieds à entrejambe.

240 77 — Quatre chaises en bois sculpté, d'époque Régence, garnies de canne.

BRONZES, CUIVRES

211

78 — Pendule en bronze doré, cadran surmonté d'un groupe : jeune femme lutinée par l'amour. Sur le socle, se dessinent en relief des carquois, des ruches et des colombes. Epoque Premier Empire.

280

79 — Pendule en bronze doré ; le cadran, décoré de griffons et placé entre deux tabourets supportant divers objets, est couronné par une jeune femme se regardant dans un miroir que tient un amour. Epoque Premier Empire.

250

80 — Pendule en bronze doré, cadran à draperie figurant une table à coiffer, sur laquelle deux personnages placés de chaque côté jouent une partie de dames. Epoque Premier Empire.

81 — Pendule en bronze doré, cadran entouré de feuillage, brûle-parfums et buire ; entablement surmonté d'un groupe représentant une jeune femme dessinant, inspirée par l'Amour. Epoque Premier Empire.

82 — Pendule en bronze doré, représentant une jeune femme lisant, accoudée sur le cadran figurant une bibliothèque ; contre-socle en marbre vert de mer. Epoque Premier Empire.

230 83 — Pendule en bronze doré, à figure de femme allégorique aux sciences: contre-socle en marbre vert de mer. Epoque Premier Empire.

210 84 — Petite pendule en bronze doré, à figure de jeune femme assise devant un bureau formant le cadran: base à trophées d'instruments de musique.

85 — Pendule en bronze doré; cadran, décoré de figures allégoriques à la Moisson, supportant un groupe : Cérès et enfant. Epoque Premier Empire.

86 — Pendule en bronze doré, cadran surmonté d'une figure de Flore. Epoque Premier Empire.

1.050 87 — Paire de candélabres formés par des statuettes de femmes égyptiennes en bronze, tenant des torches et supportant des bouquets de cinq lumières à chimères ailées en bronze doré. Socles en marbre vert de mer, à appliques et moulures de bronze. Epoque Premier Empire.

855 88 — Paire de candélabres en bronze et bronze doré, à figures de femmes ailées supportant cinq lumières en forme de cariatides. Socles quadrangulaires en bronze. Epoque Premier Empire.

900 89 — Petite pendule Louis XVI en marbre blanc,

cadran forme borne, sur lequel est accoudée une jeune femme en bronze doré.

90 — Surtout de table, à fond de glace, en quatre parties : galerie en métal argenté et découpé à jour. Epoque Louis XVI.

91 — Surtout de table, à fond de glace, en six parties ; monture en bronze doré, à lambrequins et mascarons. Epoque Louis XVI.

92 — Grande jardinière ovale en cuivre rouge repoussé, à cannelures et godrons ; anses mobiles à mufles de lions.

93 — Grand plat en cuivre repoussé, médaillon central à figure de saint Georges ; bordure gravée. XVIe siècle.

94 — Plat en cuivre, partie centrale à fleurs repoussées et inscriptions ; bordure gravée. XVIe siècle.

95 — Paire de petites appliques Louis XV en bronze, modèles à branchages et fleurettes en porcelaine.

96 — Statuette en bronze : Faune jouant de la flûte. XVIIIe siècle.

97 — Encrier Louis XV en bronze doré, avec arbuste porte-lumière, godets, statuette et fleurettes en porcelaine.

98 — Jardinière en cuivre poli sur trois pieds, à griffes.

99 — Petit plateau en cuivre repoussé, à figure d'amour jouant de la flûte.

100 — Petit baril posé sur un support. Bronze chinois.

SCULPTURES

101 — Buste de Marie-Antoinette, en terre cuite.

102 — Groupe en ivoire sculpté : Saint Joseph et l'Enfant Jésus.

103 — Christ en ivoire sculpté, sur croix de bois doré, appliquée sur fond de velours rouge.

104 — Groupe en ivoire sculpté : Pieta.

105 — Groupe ivoire sculpté : le Sommeil du berger.

106 — Quatre flambeaux d'autel en bois sculpté et relevé de dorure. XVIIe siècle.

107 — Statuette de Saint Nicolas coiffé de la mitre, en bois sculpté. XVIe siècle.

108 — Statuette en bois doré : l'Ascension.

10:) — Sept statuettes de saints et saintes en bois
sculpté.

110 — Support-applique en bois sculpté et doré, à
feuillages, fond décoré de peintures. xviie siècle.

111 — Huit petites colonnettes torses en bois
sculpté. Époque Louis XIII.

112 — Cariatide d'ange en bois sculpté. xviie siècle.

113 — Console-support d'angle en chêne sculpté, à
tête de femme, ornements et feuillages.
xviiie siècle.

114 — Panneau en bois sculpté et laqué, présentant
en relief deux femmes chinoises et un enfant
dans un paysage.

115 — Petit bas-relief rectangulaire en marbre :
médaillon à tête de femme, entre deux lions
marchant. Petit médaillon rond en marbre :
tête d'Hercule.

116-120 — Environ vingt piéces : panneaux, appliques, statuettes, chapiteaux et frontons, en bois
sculpté et bois doré. (Sera divisé.)

PORCELAINES, FAIENCES

121 — Paire de vases en céladon vert clair, décor blanc d'arbustes et d'oiseaux. Cols en bronze doré. Socles en bois doré.

122 — Groupe de femme et enfant en ancienne porcelaine d'Allemagne.

123 — Groupe en porcelaine d'Allemagne : Amphitrite.

124 — Groupe en ancienne porcelaine d'Allemagne : Diane chasseresse.

125 — Paire de vases en porcelaine de Chine, décorés de scènes familières dans des paysages. Cols et socles en bronze doré à tors de lauriers.

126 — Vase en ancienne porcelaine de Chine, décor à draperies et feuillages en rouge et or.

127 — Tête à tête en porcelaine de Saxe, décor quadrillé en camaïeu violet, bouquets de fleurs et médaillons à sujets variés, composé de : une théière, un pot à crème, un sucrier, deux tasses avec leur soucoupe et un plateau.

128 — Cygne en ancienne porcelaine de Saxe, décor au naturel.

129 — Taureau en porcelaine de Saxe, décoré au naturel.

130 — Service à thé et à café en Wedgwood, fond bleu, décor blanc à guirlandes de fleurs, composé de : une théière, une cafetière, un pot à lait, un sucrier, un bol, douze tasses et quatorze soucoupes.

131 — Six tasses à thé et six tasses à café en porcelaine de Limoges gros bleu et or, avec porte-tasses en vermeil ciselé de style Premier Empire et soucoupes en argent doré.

132 — Deux assiettes en ancienne porcelaine de Saxe, à décor d'oiseaux perchés ; marli ajouré à bouquets de fleurs.

133 — Petit groupe en porcelaine blanche de Chantilly, pâte tendre : l'Enfant à la chèvre.

134 — Tasse et soucoupe en porcelaine de Sèvres, bordure à rinceaux et médaillons sur fond blanc.

135 — Paire de vases ovoïdes en porcelaine gros bleu, col et piédouche en bronze, panse décorée de guirlandes de fleurs reliées à des mufles de lions en bronze.

136 — Paire de petites salières doubles en porcelaine de Saxe, à décor d'oiseaux.

137 — Groupe en porcelaine décorée : le Souper
fin.

138 — Statuette en porcelaine décorée : l'Hiver.

139 — Deux tasses en porcelaine, décorées de
fleurs et de bustes de personnages. Style Premier Empire.

140 — Très petit groupe de jardinier et jardinière
en porcelaine de Saxe.

141 — Groupe en porcelaine décorée : Jeunes femmes
taquinant un dormeur.

142 — Deux statuettes de Chinois en grés émaillé.

143 — Deux tasses, couvertes avec présentoirs,
en porcelaine bleu turquoise, décorées de médaillons à sujets champêtres, amours et attri-
buts.

144 — Groupe de danseur et danseuse en porcelaine de Saxe.

145 — Deux petites tasses, avec soucoupes, en
faïence décorée à branchages en relief.

146 — Deux brûle-parfums, forme vases, en porcelaine blanche de Tournai.

147 — Petit vase cylindrique en porcelaine, décoré
d'un sujet pastoral et d'oiseaux; couvercle et
socle en bronze doré.

148 — Groupe en porcelaine blanche : l'Agneau favori.

149 — Deux soucoupes en porcelaine de Sèvres, fond bleu, à médaillons d'amours et de fleurs.

150 — Statuette de baigneuse couchée en biscuit, sur socle en forme de lampe antique.

151 — Paire de vases en porcelaine gros bleu, à médaillons de fleurs et d'amours, surmontés d'un bouquet de fleurs de lys, à deux lumières.

152 — Paire de candélabres, formés par des vases en porcelaine bleu-turquoise, à médaillons, supportant des bouquets de fleurs de lys, à trois lumières.

153 — Deux statuettes de femmes en porcelaine de Chine.

154-155 — Quatre statuettes de femmes ou divinités en porcelaine de Chine.

156 — Groupe de deux femmes, porte-bouquet, en porcelaine de Chine.

157 — Deux statuettes en biscuit : Chasseur et châtelaine.

158 — Assiette en ancienne porcelaine de Saxe, décor en relief parties dorées, sur fond blanc.

159 — Compotier et deux assiettes en ancienne porcelaine de Saxe.

TABLEAUX

PEINTURES DÉCORATIVES, GOUACHES
DESSINS, GRAVURES

ÉCOLE ESPAGNOLE

160 — *Portrait d'un Cardinal*.

ÉCOLE FLAMANDE

161 — *Portrait de Catherine de Médicis*.

Vêtue d'une robe noire à collerette, et parée d'un collier de perles.

ÉCOLE FLAMANDE

162 — *La Chasse royale*.

Cadre Louis XIII, en bois sculpté et doré.

ÉCOLE FLAMANDE

163 — *Jardinière garnie de fleurs*.

Cadre en bois sculpté.

ÉCOLE FRANÇAISE (xviiie siècle)

164 — *Le Départ pour la guerre*.

165 — *Les Dépouilles opimes*.

Deux grandes compositions décoratives.

ÉCOLE FRANÇAISE (xviiie siècle)

166 — *Mars et Mercure.*

Composition décorative pour plafond.

ÉCOLE FRANÇAISE (xviiie siècle)

167 — *Portrait d'Homme en habit bleu.*

Forme ovale.

ÉCOLE FRANÇAISE (xviiie siècle)

168 — *Deux Portraits de Femmes Louis XVI.*

Forme ovale.

ÉCOLE FRANÇAISE

169 — *Portrait de Danton.*

Vêtu d'un habit vert à jabot. Époque de la Révolution.

ÉCOLE MODERNE

170 — *Paysage avec chaumière.*

Signé : *L. Seuger, 1829.*

EISEN (Ch.)

171 — *Amours aiguisant leurs traits*

Deux petits dessins de forme ronde.

Crayon et sépia.

GAUTHEROT

172 — *Le Général Thureau au pont de Cé.*

Épisode des guerres du Premier Empire.

HUBERT ROBERT (Genre de)

173 — *Vue de parc.*

Panneau décoratif.

MALBRANCHE

174 — *Retraite de la Grande Armée.*

Campagne de Russie.

Signé et daté : *1834*.

PLASSCHAERT (J.)

175 — *Deux Panneaux trompe-l'œil.*

176 — Deux panneaux décoratifs, peints à la gouache, représentant, au milieu, l'un, un sujet allégorique aux Saisons ; l'autre, les Trois Parques, dans le style du xvi° siècle. Ces compositions sont encadrées, sur les côtés, par une suite de médaillons peints en grisaille, de style antique. Le bas est décoré de naïade, de dieu marin et de plaques simulant le porphyre.

177 — Suite de six figures de femmes, peintes à la gouache, sur fond noir.

Cadres dorés.

DEBUCOURT (D'après Ranz)

178 — *Les Heures.*

Deux gravures en couleur, sur fond noir.

BUNBURY (H.)

179 — *La Danse turque.*

Gravure en couleur.

DESORA (Jenny)

180 — *Ni l'un, ni l'autre. — Ah! c'en est fait, je me marie.*

Deux gravures en couleur.

DUPLESSIS-BERTAUX (D'après)

181 — *La Bataille d'Austerlitz.*

Gravure en couleur.

FELLOWS (D'après W.-M.)

182 — *Two Coach horses. — Rookstone and Trusty.*

Deux gravures en couleur.

SICARDI (D'après)

183 — *Il eut péri sans elle, l'Himen fut sa récompense.*

Pièce en couleur.

STUBBS (D'après G.)

184 — *Quatre Chevaux de courses.*

Gravures en couleur.

VERNET (D'après JOSEPH

185 — *Le Rocher percé*.

> Gravure en couleur.

VERNET (D'après C.)

186 — *Les Aveugles*.

> Pièce en couleur.

VERNET (D'après C.'

187 — *L'Abreuvoir*.

VERNET (D'après H.)

188 — *Bivouac du 3ᵉ régiment de hussards, commandé par le colonel Moncey*.

> Pièce en couleur.

189 — Trois gravures en couleur : Vues de Saint-Pétersbourg.

190 — Gravure anglaise en couleur : Charles Iᵉʳ. d'après Van Dyck.

191 — Deux gravures anglaises en noir : Résolution. Conclusion.

192 — Cinq pièces anglaises en couleur.

193 — Deux gravures allemandes en couleur : Caricatures.

194 — Pièce en couleur : Entrevue de Napoléon Ier
et d'Alexandre Ier sur le Niémen.

195 — Gravure avant la lettre : le Temps vaincu
par la Jeunesse et la Beauté.

196 — Trois pièces diverses encadrées.

OBJETS DIVERS

197 — Paire de lustres appliques, à quatre lumières, tout en fleurettes et enfilages de cris-
taux taillés. Époque Louis XVI. Disposés inté-
rieurement pour l'électricité.

198 — Trois panneaux en marqueterie de bois, représentant des paysages animés de figures.
xviiie siècle.

199 — Trois fixés sur verre : La Madeleine aux
pieds du Christ. Le Christ et les saintes femmes.
Scène de la Passion.

200 — Quatre médaillons émaillés et dorés, offrant
en relief des bustes d'hommes dans des encadrements Louis XV en bois doré.

201 — Petit panneau en soie brodée : la Danse
champêtre; fond gouaché.

202 — Six statuettes en pierre de lard.

203 — Tasse et soucoupe en verre opalin, décoré de fleurs.

204 — Deux petites bonbonnières en émail.

205 — Boitier de montre en argent.

TAPISSERIE

206 — Tapisserie ancienne d'Aubusson à paysage animé de volatiles, avec kiosque et draperie rouge

Haut., 2 m. 85 cent.; larg., 5 m. 20 cent.

207 — Objets omis.

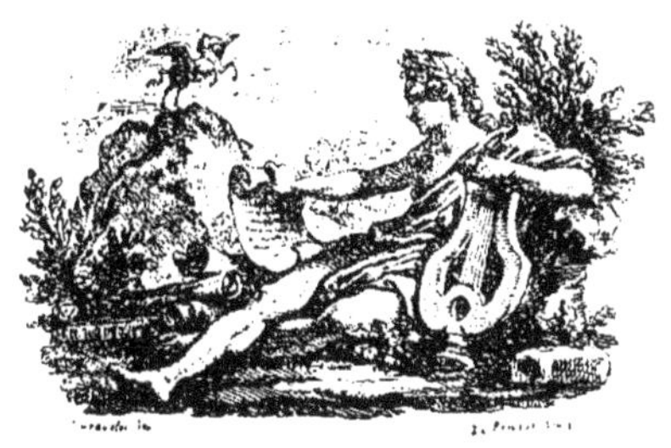